ÉTUDES

de

BEETHOVEN,

TOME II.

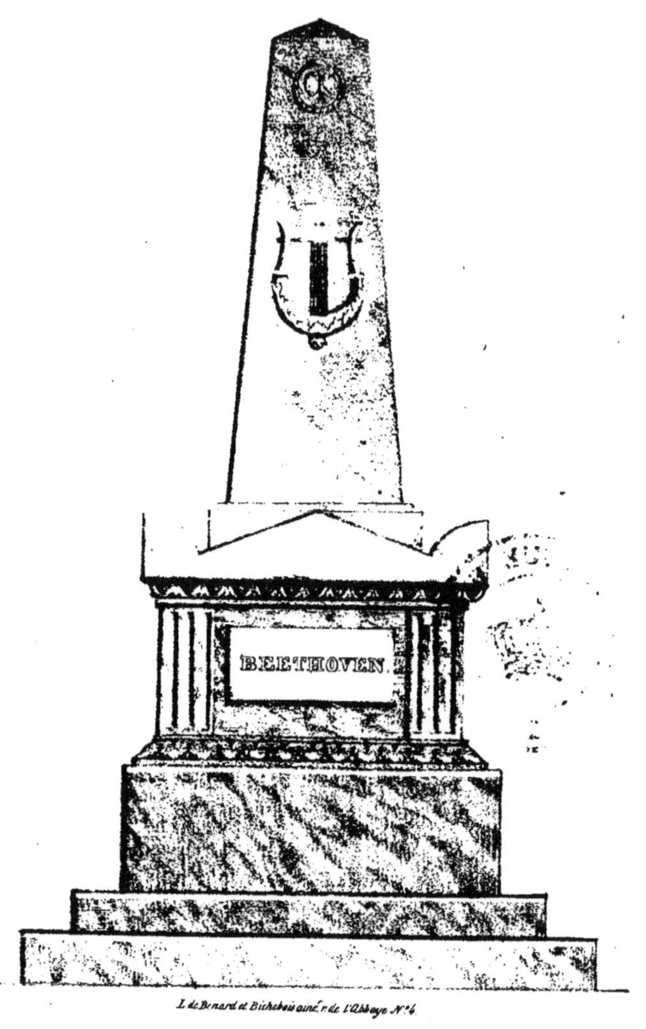

L. de Bénard et Bichebois ainé, r. de l'Abbaye N.º 4.

TOMBEAU de BEETHOVEN

Dans le Cimetière de Währing,

à Vienne.

ÉTUDES

DE

BEETHOVEN.

*

TRAITÉ

d'Harmonie et de Composition,

TRADUIT DE L'ALLEMAND,

ET ACCOMPAGNÉ DE NOTES CRITIQUES, D'UNE PRÉFACE,
ET DE LA VIE DE BEETHOVEN,

PAR

F. FETIS.

TOME II.

PARIS,

CHEZ MAURICE SCHLESINGER,

ÉDITEUR DE MUSIQUE, RUE RICHELIEU, 97.

1833.

TROISIÈME PARTIE

De la Fugue.

CHAPITRE I.

De l'Imitation.

On pourrait appeler cette branche de la musique l'introduction du style fugué. Les moyens employés ici ne sont pas à beaucoup près aussi sévères que dans les véritables fugues et canons. On y reproduit librement un thème dans une ou plusieurs parties, sans être astreint à observer les régles concernant les sauts, les successions par dégrés conjoints, et l'on peut même y introduire des idées nouvelles, pourvu qu'elles aient de l'anologie; cette figure peut être employée dans toutes les parties du style élégant; elle sert à développer un motif thématique et à donner par la ressemblance des idées principales une unité systématique en tout.

Cette imitation, partielle ou périodique, peut être employée à tous les intervalles.

Premièrement à l'unisson.

Deuxièmement à la Seconde.

Troisièmement à la tierce.

Quatrièmement à la quarte.

Cinquièmement à la quinte.

Sixièmement à la sixte.

Septièmement à la septième.

Huitièmement à l'octave.

Il existe encore un grand nombre d'autres imitations desquelles nos prédécesseurs faisaient grand cas; l'imitation renversée librement ou sévèrement, l'imitation retrograde, l'imitation à retourner le livre, l'augmentée, la diminuée, l'interrompue; l'imitation à contretemps (*in Arsis et Thesin*); comme je voulais savoir quelque chose de ces folies, mon maître m'a conseillé de consulter Marpurg; je n'en suis pas curieux. J'en ferai usage lorsque l'occasion s'en présentera si ma phrase est de telle nature qu'imitée par mouvement retrograde il en résulte un bon effet, à la bonne heure; sinon, c'est encore bien.

Imitation à trois parties avec le mélange d'une partie libre.

N.º 1.
Andante.

tr
tr
2e Motif.
2e Motif.
Libre.
Libre.
1er Motif.
3e Motif.

5.ᵉ Motif.
tr
1.ᵉʳ Motif.
2.ᵉ Motif.
2.ᵉ Motif.

1er Motif.
1er Motif.
2e Motif.
2e Motif.
Libre.
Libre.

1er Motif.
Moderato.
1er Motif.
Libre.
Libre.
1er Motif.
Libre.

2.e Motif.
1er Motif.
Libre.
Libre.
2.e Motif.
Libre.
1er Motif.
4.e Motif.
3.e Motif.

1er Motif.
1er Motif.
1er Motif.
3e Motif.
4e Motif.
5e Motif.
5e Motif.
3e Motif.
1er Motif.
1er Motif.
Libre.
Libre.
Libre.
Libre.
tr
tr
tr
tr

Libre.
1er Motif.
Libre.
2e Motif.
2e Motif.
1er Motif.
1er Motif.
3e Motif.
3e Motif.
Libre.

13
Libre.
Libre.
4.ᵉ Motif.
Libre.
tr
Poco allegretto.
1ᵉʳ Motif.

2.º Motif.
1.er Motif.
1.er Motif.
1.er Motif.
2.º Motif.

1er Motif.
1er Motif.
2e Motif.
1er Motif.
1er Motif.

16

1er Motif.
4e Motif.
3e Motif.
5e Motif.
1er Motif.

1er Motif.
3e Motif.
5e Motif.
4e Motif.

Imitations à quatre
passant alternativement dans toutes les parties.

1er Motif.
4e Motif.
3e Motif.
3e Motif.
5e Motif.
5e Motif.
3e Motif.

5ᵉ Motif.
1ᵉʳ Motif.
1ᵉʳ Motif.
1ᵉʳ Motif.
1ᵉʳ Motif.

6.° Motif.
5.° Motif.
1.er Motif.
7.° Motif.
8.° Motif.

7e. Motif.
8e. Motif.
1er. Motif.
1er. Motif.
7e. Motif.
7e. Motif.
9e. Motif.
1er. Motif.
1er. Motif.

24
9.º Motif.
1.ᵉʳ Motif

1.ᵉʳ Motif
9.º Motif.

9.º Motif.

1er Motif.
3e Motif.
1er Motif.
3e Motif.

5e Motif.
5e Motif.
1er Motif.
1er Motif.
1er Motif.
1er Motif.
3e Motif.

1er Motif.
1er Motif.
1er Motif.

9e. Motif.
1er Motif.
1er Motif.

CHAPITRE II.

De la Fugue à deux parties.

La fugue est une imitation sévère lorsque la première partie, appelée *Dux* (1) a émis une phrase, elle est imitée par la seconde à la quinte supérieure, à la quarte inférieure, quelquefois à l'octave supérieure ou à l'inférieure. Cette réponse s'appelle *Comes*; la première partie (Dux) l'accompagne d'une phrase harmonique. Si la partie qui a fait la réponse reprend fidèlement cette seconde phrase, sans y apporter aucun changement, elle est considérée comme un second sujet, et la composition prend le nom de *fugue double*.

_____

(1) Dans les langues française et italienne, cette partie s'appelle *Sujet* (Sogetto.)
(N. D. T.)

Dans le cas contraire, lorsque cette phrase est changée dans quelques uns de ses intervalles, la composition est une fugue simple.

Lorsque le thême commence à la tonique et se termine à la dominante, la réponse doit retourner de celle-ci à la tonique.

EXEMPLE.

S'il commence à la dominante et se termine à la tonique, la réponse passe de la tonique à la quinte.

EXEMPLE.

Si la première et dernière note du sujet est la quinte ou la tonique,

EXEMPLE.

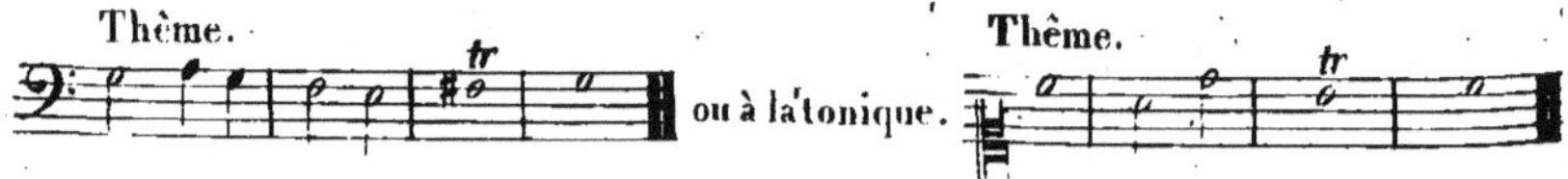

un changement de ton analogue a lieu dans la réponse.

EXEMPLE.

C'est à dire qu'elle passe à la quarte inférieure (du ton primitif) qui consonne avec la quinte supérieure.

Pour se conformer à la règle qui veut que la tonique se change en dominante, et celle-ci en tonique, on est inévitablement obligé de changer une note dans la réponse afin que celle-ci ne dépasse pas la limite prescrite. Par suite de cette obligation, un intervalle de seconde est changé en intervalle de tierce.

1) Cette répétition de note ne vaut rien la véritable réponse est

(N.D.T)

Ou la quinte en sixte.

EXEMPLE.

— Ou la sixte en septième.

EXEMPLE.

et vice versa.

EXEMPLE.

Enfin la septième en octave

EXEMPLE.

(4)

et réciproquement.

EXEMPLE.

Il peut arriver qu'un motif de fugue ne commence ni à la
tonique ni à la dominante, mais à un intervalle intermédiaire, dans ce
cas, la réponse doit se trouver avec le sujet dans la relation d'une quinte supérieure ou d'une quarte inférieure. Si un thème en mode majeur commençait ainsi par la seconde :

(+) Cette réponse est fausse : il fallait 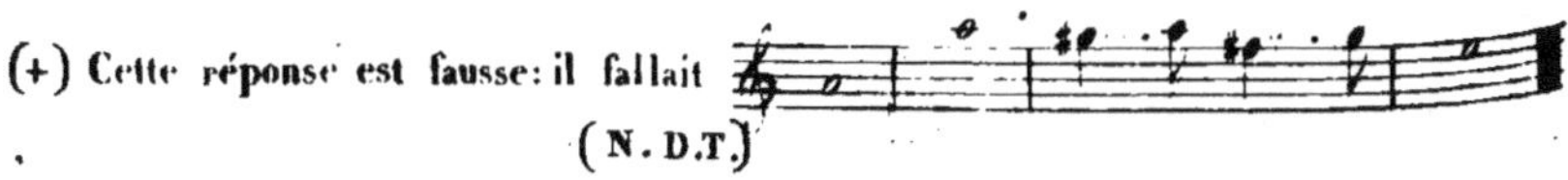

(N. D.T.)

EXEMPLE.

la réponse commencerait de même à la dominante, ain_
si qu'il suit.

Dans une fugue à deux parties, lorsque les deux voix ont ter_
miné leur sujet, on ajoute quelques mesures en contrepoint libre de
la cinquième espèce, qui néanmoins doivent être homogènes avec les
idées principales, et l'on fait ensuite une cadence sur la dominante. Ar_
rive ensuite le premier *Stretto*; Une partie continue sa route tandis
qu'une autre, particulierement celle qui n'a point fait entendre le
thème depuis longtemps, le reprend, mais d'une manière plus ser_
rée par l'entrée de la réponse. On fait ensuite une cadence sur la tierce
supérieure de la tonique, c'est à dire sur *Mi* en *Ut* majeur. Ici on
peut faire un repos. Vient peu après le second et le dernier *Stretto* où
l'idée principale est encore plus reserrée; quelques mesures libres aménent
une terminaison par une liaison de septième à la partie supérieure, ou
une liaison de seconde à l'inférieure, et *Plaudite amici*, l'affaire
est terminée.

Lorsqu'on a trouvé un sujet de fugue, il est utile de voir à l'a_
vance s'il est propre a être serré, augmenté, renversé, etc, ornements
indispensables dans les fugues à plusieurs parties.

Fugue en Si♭.

Sujet.
Réponse.

Cadence à la dominante.
1.er Stretto.

Tierce.
Stretto.

Cadence à la tierce supérieure.
2.e Stretto.

Conclusion
Libre.

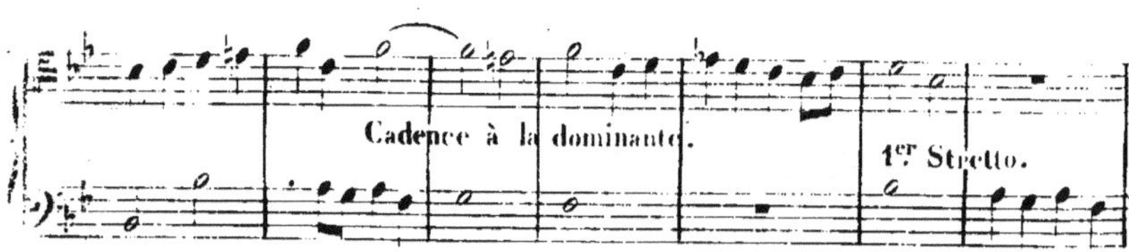

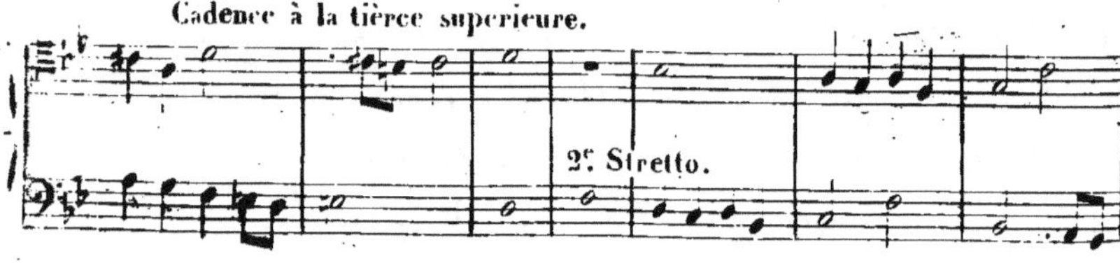

La rentrée du tenor dans le ton primitif à la première cadence ne vaut rien et sonne mal, Le thême est d'abord serré à deux mesures de distance, ensuite à une seule; *Bene;* mais voici la licence. La partie supérieure (sujet) commence un ton plus haut, c'est à dire par *Mi* bémol au lieu de *Ré,* qui devait être le ton de la réponse (1); cela est permis dans le milieu d'une fugue (*O generosita incomparabile.*)

Fugue en Ut.

---

(1) Tout ce que dit ici Beethoven est absolument inintelligible; le tenor ne pourrait faire d'autre entrée que celle qu'il fait, et l'on ne sait ce que le compositeur entend ici par une licence (N.D.T.)

Le dernier stretto est fait in *Thesi et Arsi* (à contretemps) sur le second temps de la mesure. La cadence plagale suivant l'ancienne tonalité n'exige pas l'élévation de la note par un dièze accidentel c'est à dire que *Ré*, peut accompagner *Fa* de la basse au lieu de *Ré* ♯

Fugue en Sol.

---

(1) Cette réponse est fausse; il fallait : etc

(N. D. T.)

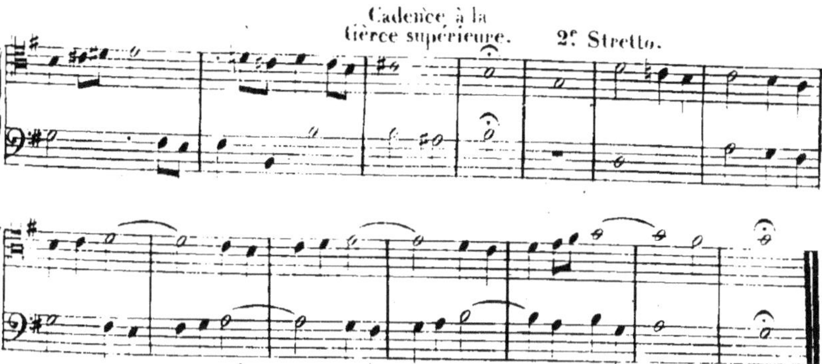

Ainsi qu'on a pu le voir dans les exemples précédens, on cherche à varier les entrées dans les strettes, c'est à dire que telle par_tie qui commençait par la tonique commence ensuite par la domi_nante, et *vice versa.* Dans les tons mineurs, on change ordinairement les cadences: la première se fait à la tierce mineure supérieure, la se_conde, à la quinte. Par exemple, en *Ut* mineur, la première est en *Mi* bé_mol; la seconde en *Sol*; en *La* mineur, la première est un *Ut* et la se_conde en *Mi*; cependant, ceci est facultatif, car, *aucun Diable ne peut me forcer à faire ces cadences là.*

CHAPITRE III.

De la Fugue à trois voix.

SES PARTIES ESSENTIELLES SONT.

1.º Le thème, sujet (ou Dux)

2.º *La réponse* (Comes)

3.º la répercussion, c'est à dire, les entrées qui se font dans la suite, tantôt plutôt, tantôt plus tard.

4.º l'Harmonie de remplissage, est constituée par l'accompagnement du thème, par l'une ou l'autre partie. Si cet accompagnement est reproduit exactement par toutes les parties, l'harmonie prend le nom de *Contresujet*, et le morceau, celui de *fugue double*.

5.º Les intermèdes (ou divertissements) par lesquels on remplit l'intervalle qui se trouve entre une reproduction du sujet ou par une autre.

Les autres parties de la fugue sont:

1.º *L'augmentation* qui a lieu, par exemple, lorsque le sujet est formé par des noires et qu'on les transforme en blanches.

2.º La *diminution*, lorsqu'au contraire les noires sont transformées en croches, celles ci en double croches, etc.

3.º *L'abréviation*, c'est à dire lorsqu'on ne reprend qu'une partie du sujet, dans d'autres tons, en descendant ou en montant.

4.º La *syncope*, lorsque le thème entre un temps ou un demi plus tard que dans l'origine, et qu'il est conduit ensuite par des liaisons (*per ligaturam*) Cet artifice est d'autant meilleur qu'il peut marcher avec le thême dans sa forme primitive.

5.º *L'inversion*, qui consiste à changer les notes ascendantes en notes descendantes.

6.º Le point d'orgue (Pédale) qui a lieu lorsque la basse fait un *tasto solo* pendant que les autres parties font des imitations; ce qui, par parenthèse, ne peut guère être employé qu'à quatre parties.

On fait peu de cadences dans le cours de la fugue, excepté avant le dernier stretto, cas où l'on fait une *Cadence d'inganno.* (C'est a dire une modulation simulée.) Il faut donner aux strettes une attention particulière. La meilleure place du stretto le plus large, c'est à dire de celui où le thème est le moins serré, est au milieu du morceau. (1)

1.º Cette règle est trop générale. Si par *stretto*, Beethoven entend le sujet scindé, comme cela se pratique quelquefois lorsqu'il passe du mode majeur au mode mineur, à la bonne heure; mais, hors ce cas, il n'y a guère d'avantage à faire entendre sitôt le premier stretto; il vaut mieux le placer vers la fin, et faire entendre successivement les differentes strettes. (N.D.T.)

EXEMPLE.

à deux mesures de distance.

Le stretto le plus serré (ordinairement d'une mesure) se place bien vers la fin.

EXEMPLE.

On peut aussi avoir des strettes dont les entrées se font à un seul temps de distance, une octave plus haut, a contretemps et par syncope.

EXEMPLE.

On peut faire partout usage de ce genre d'artifice.

Les meilleurs entrées sont celles dans lesquelles les voix sont placées dans leur ordre naturel; ainsi:

Alto,	Soprano,	Basse,	Ténor,
Ténor,	Alto,	Ténor,	Alto,
Basse,	Ténor,	Alto,	Soprano,

Il est bien entendu que la réponse alterne avec le sujet entre la tonique et la dominante.

EXEMPLE.

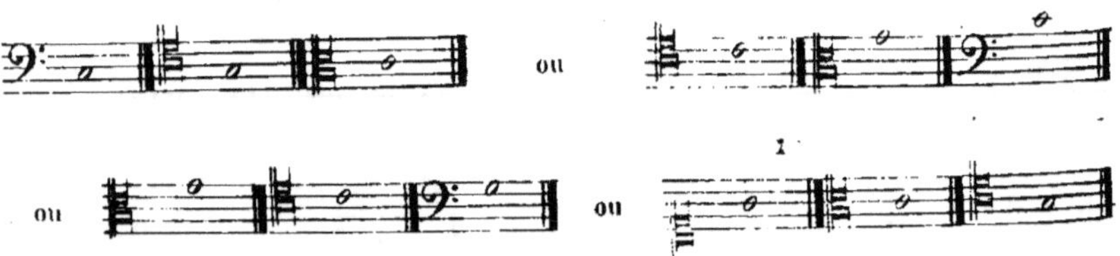

L'harmonie de remplissage ou d'accompagnement commence à l'entrée de la réponse; l'intermède se fait entendre là où l'harmonie de remplissage cesse.

Une ancienne règle dit que dans le cours d'une fugue il ne faut pas sortir des six tons relatifs; mais je crois que celui qui *a bon pied bon œil* (1) peut aller plus loin sans risquer de s'égarer.

S'il peut se faire qu'une répercussion ait lieu avant qu'une partie ait terminé sa phrase, cela constitue une beauté du contrepoint.

---

(1) Ces formes familières, que nous traduisons littéralement, se rencontrent fréquemment dans le style de Beethoven. (N. D. T.)

Fugue en Ré Mineur.

Dans le N. B. la respiration se fait par une blanche au lieu d'une ronde ceci est non seulement permis mais fait un bon effet parceque l'entrée est plus inattendue.

Fugue en Si ♭.

N. B. à la repércussion on fait faire volontiers aux voix un silence ou du moins un saut pour rendre l'entrée plus sensible Cependant, cela n'a pas été fait ici. (Pourquoi pas? tout est possible; il n'y aurait je crois quelque dif_ _ficulté qu'a se mordre le nez soi même.) BEETHOVEN.

2º Stretto.
2º Stretto.
2º Stretto.
Stretto.

Fugue en Sol.

(Nota.) Les entrés des repercutions sont si rapprochées que l'harmonie de rem_plissage n'as pas trouvé de place.

tr
Cinquième entrée.
Sixième entrée.

Episode.

Stretto.
Stretto.
réponse.

tr

Fuga à due Violini e Violoncello.

CHAPITRE IV.

De la Fugue à quatre parties.

Ici les voix qui se répondent peuvent entrer de la manière suivante.

Soprano,	Basse,	Tenor,	Alto,
Alto,	Tenor,	Basse,	Soprano,
Tenor,	Alto,	Soprano,	Basse,
Basse,	Soprano,	Alto,	Tenor,

Et les rapports du sujet et de la réponse sont toujours de la tonique à la dominante (et vice versa)

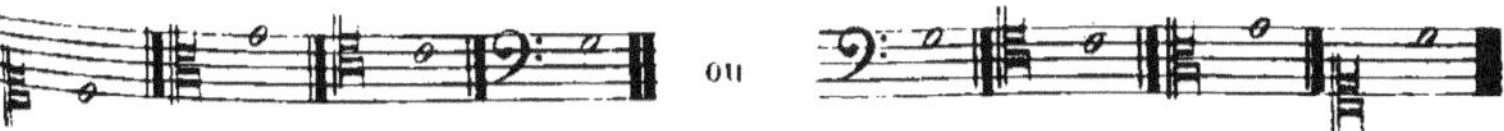

Dans la contexture du morceau, on observe encore les règles suivantes:

1° Après que le thème principal a été pris par les quatre parties, on continue encore pendant quelques mesures le tissu harmonique (l'intermède) et l'on fait ensuite une cadence à la tonique ou à la dominante.

2.° Sans s'arrêter à cette terminaison, le sujet ou la réponse sont repris par la partie qui a été le plus longtemps sans se faire entendre, et les autres parties continuent dans l'ordre qu'on veut leur donner.

3.° Ici se fait une sorte de ristretto dans lequel les parties sont déja plus resserrées. Si le sujet est de nature à être diminué, augmenté, scindé, ou pris par mouvement contraire, tant mieux.

4.° Lorsqu'on a conduit ainsi le sujet dans les tons les plus rapprochés et ensuite dans les plus éloignés, on fait entendre le dernier stretto, autant que possible avec une bonne pédale, afin qu'on puisse dire *Finis coronat opus!* Nous avons déja dit qu'on fait volontiers précéder les répercussions d'un silence.

Tel est donc le squélette d'une fugue. A. sujet; B. réponse; C. sujet; D. réponse; avec les harmonies de remplissage. E. intermède. F. réponse. G. sujet. H. réponse. I. sujet. stretto. K. intermède avec imitation. L. sujet. M. réponse. N. sujet. O. réponse. P. intermède. Q. dernier stretto. R. pédale. S. large cadence.

Un thême heureux facilite beaucoup le travail, mon maitre à sanctionné et approuvé les suivans

Fugarum Themata ad semirestrictionem et restrictionem apta.

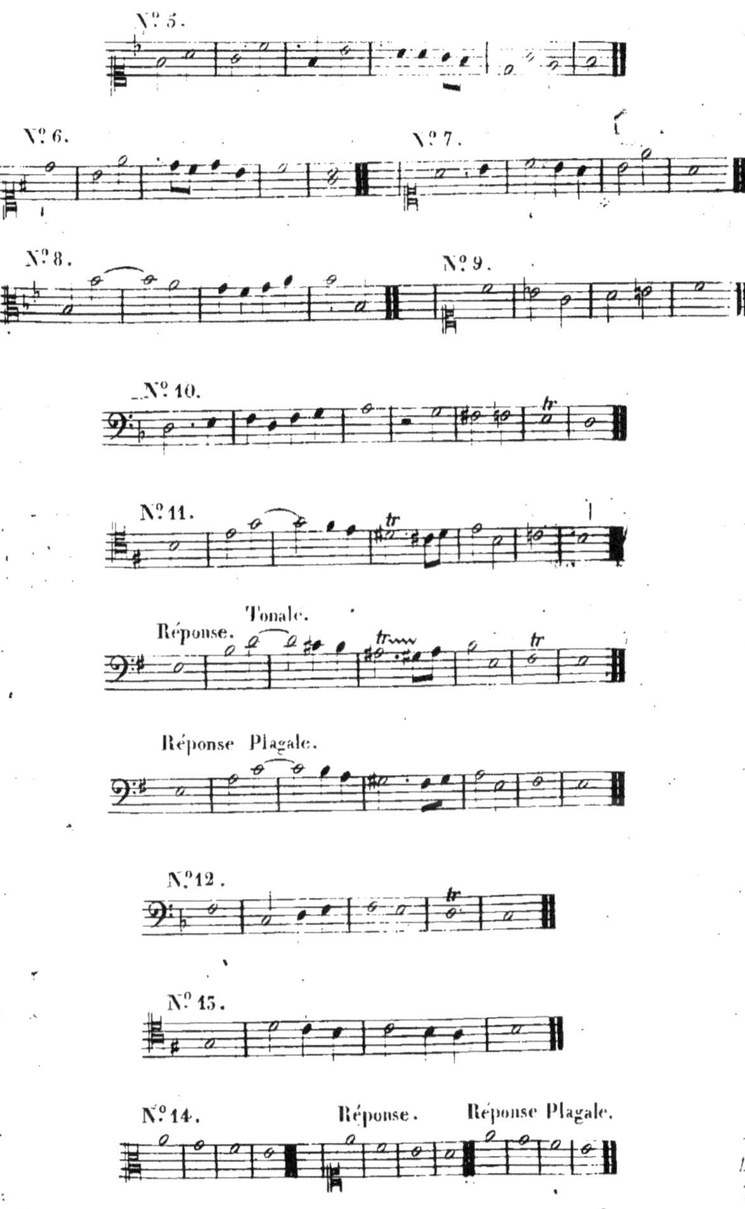
N.º 5.
N.º 6.
N.º 7.
N.º 8.
N.º 9.
N.º 10.
N.º 11.
Tonale.
Réponse.
Réponse Plagale.
N.º 12.
N.º 13.
N.º 14.
Réponse.
Réponse Plagale.

N.º 15.
N.º 16.
N.º 17.
N.º 18.
N.º 19.
N.º 20.
N.º 21.
N.º 22.
N.º 23.
N.º 24.
N.º 25.
N.º 26.
N.º 27.
N.º 28.
N.º 29.
N.º 30.

Fugue en La mineur.

Fugue en Ut.

_(1) Il y a ici une succession de deux quintes par mouvement direct.

(N.D.T.)

N° 3
Fugue en Si♭.

Fuga per due Violini, Alto, e Violoncello.

Fuga a quatro Voci.

N.º 5. Moderato.

cem no
pa
cem
pa
cem pa
pa
cem pa
bis pa
cem
pa
do na no bis
pa
cem
cem
cem
pa

cem
do na no bis pa
do na no bis
pa
cem
no bis
no
bis pa
cem
em

pa _ _ cem pa
no _ bis pa _ cem pa _ _
cem
do _ na no _ bis pa _ cem
_ _ cem do _ na no _ bis pa _
_ cem pa _ _ _ cem pa
do _ na no _ bis pa _ _ cem
do _ na no _ bis \ pa _ _ cem
_ _ cem do _ na no _ _ bis
do _ _ na no _ bis

Do _ na no _ bis pa _
Do _ na no _ bis pa _ _ cem no _ bis
_ cem no _ _ bis pa _ cem
pa _ cem
tr
_ _ _ cem pa _ _ _ cem
pa _ _ cem do _ na no _ bis
do _ na no _ _ bis
do _ na no _ bis pa _ _ cem pa _
pa _ _ cem do _ na
do _ na no _ bis pa _ _ cem pa _
cem

cem no bis pa cem
cem do na no bis pa
do na no bis pa cem
cem
do na no bis pa cem pa
cem pa cem pa cem do na
pa cem pa cem pa
pa
cem pa cem pa
no bis
Orgue Pédale.

cem pa
cem pa
cem pa
cem pa
cem
cem pa
cem no
bis pa cem pa
pa
cem
pa
cem
cem
do na
do na no bis
cem
do na no bis
pa
cem pa cem
do na no bis
pa
cem pá
cem
no bis
pa
cem pa
cem
pa
pa
cem pa
pa

cem pa
pa cem pa cem
do na no bi

cem
pa cem pa cem
do na no bis pa
pa cem

pa cem pa
pa cem pa
cem pa cem pa
do na no bis

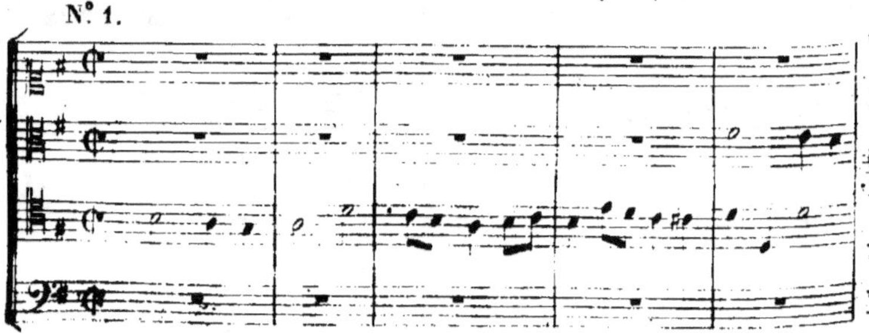

Ad notam : Dans les fugues vocales, la diversité des mots introduit une variété d'effet, et ce n'est qu'a la fin que les voix doivent avoir les mêmes paroles. On place aussi quelques silences pour leur donner le temps de respirer. Lorsqu'on écrit pour des instrument à cordes, cette précaution est inutile.

CHAPITRE V.
De la Fugue Chorale.

Celle ci ne diffère de la fugue ordinaire qu'en ce qu'alternativement l'une des parties fait entendre en notes longues un plain-chant, tandis que les trois ou quatre autres parties (si l'on écrit à cinq voix) continuent le travail du sujet de la fugue. Cette forme a quelque chose de grand et de majesteux.

N° 1.

Plain-chant.

Partie libre.

Plain-chant.
Partie libre.

tr
Plain chant

Plain-chant.
Partie libre.

Plain-chant.
Partie libre.

N.º 2.

Plain-chant.

Plain-chant.

Plain chant.

Plain-chant.

Plain-chant

Plain-chant

Plain-chant.

CHAPITRE VI.
Du Contrepoint double à l'octave.

Le Contrepoint double a pris son nom de ce que chaque partie peut se présenter sous deux formes, c'est à dire comme partie supérieure et comme partie inférieure.

Les trois espèces principales de Contrepoint double sont: à l'octave, à la dixiè_me et à la douzième, expressions plus usitées que celles de Contrepoint à la tierce et à la quinte, à cause de leurs propriétés d'extension.

Dans la contexture même de la composition il faut éviter certaines dissonances et consonnances, afin que chaque partie puisse se renverser avec facilité.

Il faut aussi tacher que les motifs aient des mouvements différents, afin qu'on puisse les distinguer sans peine; on arrive à ce but par une opposition dans la valeur des notes, qui leur donne une différence caractéristique, et rend chaque motif facile à distinguer lors mêmes qu'ils sont mêlés.

Il faut éviter de sortir des limites prescrites pour chaque genre spécial.

Dans le Contrepoint double à l'octave ou à la quinzième, le renversement des parties donne naissance a une nouvelle harmonie, et les intervalles se trouvent dans les rapports suivants.

$$
\begin{array}{cccccccc}
1 & 2 & 3 & 4 & 5 & 6 & 7 & 8. \\
8 & 7 & 6 & 5 & 4 & 3 & 2 & 1.
\end{array}
$$

Ainsi l'unisson devient l'octave; la seconde, la septième; la tierce, la sixte, etc.

La partie supérieure se nomme *octava acuta*; celle qui est plus bas d'une octave, *octava gravis*.

EXEMPLE.

On voit par là:

1º. Que les deux renversements donnent lieu à des intervalles égaux:

2º. Que les intervalles diminués se changent en augmentés, les mineurs en majeurs, et *vice versa*.

3º. Que dans la formation du Contrepoint il faut éviter que les parties sortent des bornes de l'octave, ce qui seroit non seulement contraire à la règle, mais ne produirait pas de véritable renversement. C'est une observation qu'il est d'autant plus utile de faire que la beauté du Contrepoint engage souvent le compositeur à sortir de ces bornes étroites (1).

4º. On ne doit jamais faire de saut d'octave, parcequ'il en résulterait un unisson dans le renversement.

5º. Il faut éviter les successions de quartes qui se changeraient en quintes; la quarte augmentée (majeure) qui devient une quinte fausse (mineure); est tolérée.

6º. On ne doit commencer ni terminer avec la quinte, ni la faire sauter. On l'emploie avant la sixte dans les passages réguliers.

7º. Il faut éviter la neuvième qui se résout sur l'octave, parceque dans le renversement il en résulte une seconde qui arrive sur l'unisson. A cet effet, un saut de tièrce à la basse est le meilleur moyen.

EXEMPLE.

(1) Nous avons plutôt reproduit le sens que les paroles de ce paragraphe parcequ'il manque de clarté dans l'original. (N. du T.)

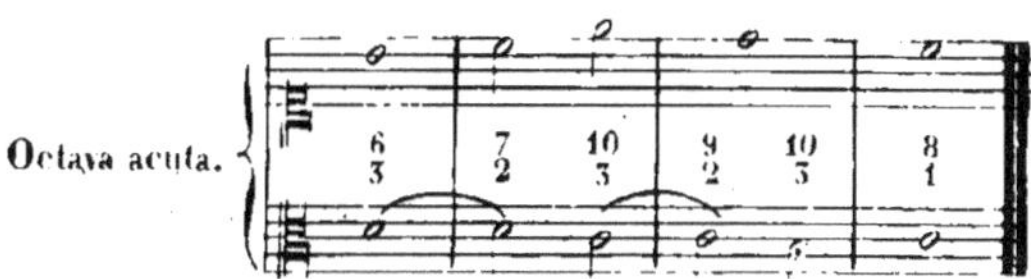

La septième, provenant du renversement de la seconde peut tou_jours être employée, surtout lorsque, pour éviter l'octave, la résolution se fait sur un autre intervalle.

EXEMPLE.

La règle qu'il ne faut pas sortir des bornes de l'octave est fondée sur ce que dans le Contrepoint double, le renversement produit une nouvelle harmonie. Si on les dépasse, la même harmonie se re_présente, lors même que les intervalles sont réduits du redoublé au simple, ce qui n'établit qu'une différence de lieu et non pas de nature. Ainsi, dans l'exemple suivant, par le renver_sement, la dixième ou tierce redoublée se change en tierce simple, la neuvième se change en seconde, etc, et l'on voit qu'il n'existe entre les consonnances redoublées et les consonnances sim_ples qu'une différence d'éloignement.

EXEMPLE.

Pour rendre corect un Contrepoint entaché de ces défauts, ce qui est plus facile avec des Violons qu'avec des voix, à cause de leur plus grande étendue, il faut ou transposer une partie de deux octaves, c'est-a-dire à la quinzième, en laissant l'autre telle qu'elle est, ou transposer les deux parties chacune d'une octave, l'une en haut l'autre en bas (1)

8°. La quinte juste ne doit être employée ni par sauts, ni lorsque les parties marchent par dégrés conjoints comme notes changées, préparées par un accord de tièrce, de sixte ou d'octave, parceque par le renversement elle se change en quarte non préparée. La transposition d'une partie inférieure à l'octave plus haut s'appelle *inversio, vel évolutio in octavam acutam;* celle d'une partie supérieure à une octave inférieure, *inversio vel évolutio in octavam grávem.* —

____

(1) Il est bien singulier qu'une observation si niaise soit sortie de la plume d'un homme tel que Beethoven. Les voix ou les instruments fussent-ils à cinq ou six octaves de distance, les intervalles n'en auraient pas moins le même aspect, et la neuvième n'en serait pas moins un très mauvais intervalle dans le Contrepoint double. (N. D. T.)

Contre-point sur le plain-chant.

Renversement à l'octave inférieure.

L'orsqu'on transpose l'une de ces parties à une octave supérieure, il en résulte *l'octava acuta*, qui doit avoir les mêmes
intervalles.

Si on transpose de deux octaves plus haut ou plus bas, on
a la véritable Quinzième.

Contre-point sans plain-chant

Renversement à l'octave inférieure.

Contrepoint sur le plain-chant.

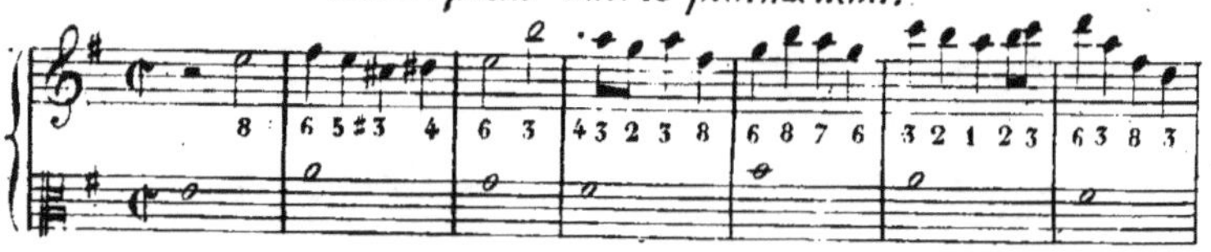

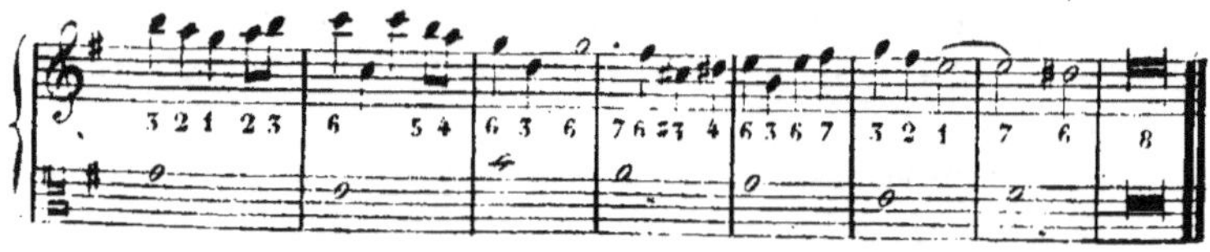

Renversement.

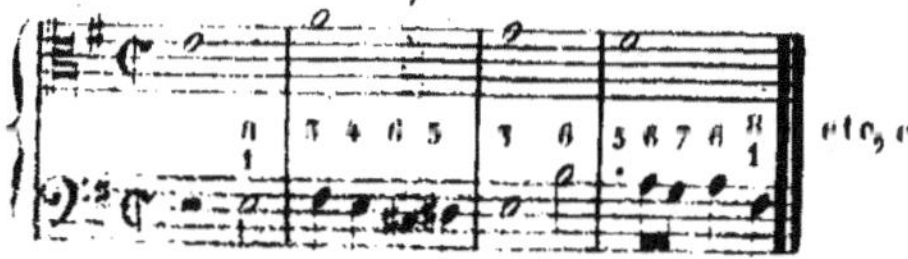

La même à l'octave aiguë.

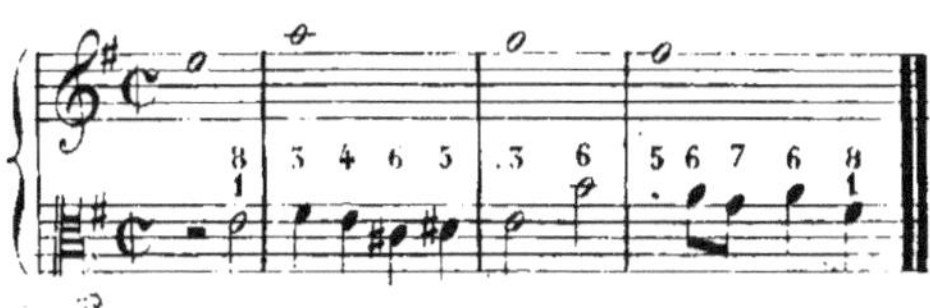

Quoiqu'en ajoutant quelques parties à un semblable Contrepoint à l'octave on puisse le changer en *Tricinium* ou *Quadricinium*, on peut aussi arriver au même résultat par les règles suivantes.

1°. Ne faire usage que du mouvement contraire.

2°. N'introduire a chaque temps fort que des tièrces, des sixtes et des octaves.

3°. Ne jamais écrire deux tièrces ou deux sixtes de suite, ni par mouvement semblable, ni par mouvement contraire.

Si on a eu égard à tous ces préceptes, il ne faut, pour mettre la composition à trois ou à quatre parties, qu'écrire une voix à la tièrce supérieure de l'une des parties, ou à toutes les deux. Au moyen de l'addition de parties à la tièrce inférieure, la composition change de mode; par exemple, *La* mineur devient *Ut* majeur. On peut aussi remplacer les tièrces par des sixtes, afin que les parties se croisent moins.

Contrepoint à l'octave.

Renversement. 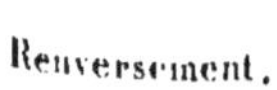 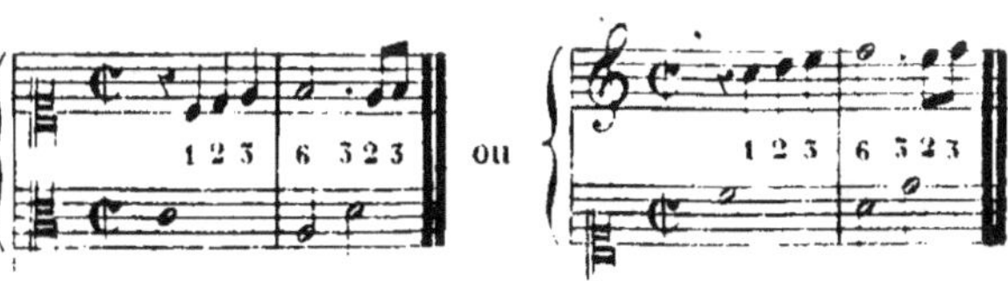

a Trois ıoıx.

Ou

a Quatre ıoıx.

Dans la fugue suivante on voit comment le renversement des parties est pratiqué au moyen du Contrepoint double.

N. B.

Il faut remarquer au N.B. Comment l'harmonie d'accompagnement com_
mence à l'unisson après une demi-pause et se trouve transposée à l'octave
par le renversement (voyez les N°. 1, 2, 3, 4, et 5), attendu que le
contre-thème répond au thème tantôt dans les parties des extrémi_
tés, tantôt dans les intermédiaires, toujours a l'octave, renversement
duquel il résulte toujours une nouvelle harmonie. L'unisson a
été changé en octave au lieu de la quinzième, afin de donner
plus de place aux parties intermédiaires, les intervalles redou_
blés ayant le même emploi que les intervalles simples. Au N°. 6.
les parties ne reproduisent que l'harmonie d'accompagnement sans
la resserrer. On aurait pu aussi, après avoir changé la valeur de
l'une ou de l'autre note, resserrer les parties et terminer de la
manière suivante :

CHAPITRE VII.

Du Contrepoint double à la dixième.

Nous avons déjà employé cette espèce de Contrepoint en ajoutant aux parties des tierces ou des dixièmes.

Dans le véritable Contrepoint de ce genre, la dixième se change en unisson, la neuvième en seconde, etc, et les intervalles se trouvent dans les rapports suivants.

$$10,\ 9,\ 8,\ 7,\ 6,\ 5,\ 4,\ 3,\ 2,\ 1.$$
$$1,\ 2,\ 3,\ 4,\ 5,\ 6,\ 7,\ 8,\ 9,\ 10.$$

Pour obtenir un renversement, il faut avoir égard aux règles suivantes:

1º. Deux tierces, sixtes ou dixièmes ne peuvent jamais être employées par mouvement direct, parcequ'elles se changent en octaves, quintes ou unissons.

2º. Une liaison de seconde ne doit jamais être préparée par une tierce, parcequ'il en résulte une succession d'octaves. Ainsi 3. 2. 3 = 8. 9. 8.

3º. La liaison de quarte ne peut avoir lieu dans la partie supérieure, parcequ'il en résulte une fausse résolution dans la basse: 7. 8. Elle est bonne à la basse lorsqu'elle se résout à la quinte, parcequ'on a dans la partie supérieure: 7. 6.

4°. Dans la composition libre la quinte est permise par mouve_ment direct parcequ'elle est changée en sixte.

5°. Les sixtes qui se changent en quartes justes sont défendues dans le mouvement direct.

6°. Dans la composition à deux parties, la septième peut-être employée par liaison et dans les passages réguliers et irréguliers. Dans celle à trois parties, elle ne peut servir que comme dixiè_me aigüe. Dans la composition à deux parties, on emploie aussi la note changée de Fux.

7°. Afin d'obtenir de véritables renversemens, il ne faut pas dé_passer la dixième.

8°. Lorsqu'on veut terminer à la tonique, la partie supérieure doit toujours commencer le Contrepoint par la tierce ou la quinte.

9°. Dans les compositions, le renversement ne se faisant qu'à la tierce, on transpose aussi la partie supérieure à *l'octave grâve*.

Lorsqu'une ou deux parties d'une composition se renverse à la tierce supérieure ou à la dixième, le Contrepoint s'appelle *Contrepoint à la dixième aigüe;* si ce renversement a lieu à la dixième ou à la tierce inférieure, on l'appelle *Contrepoint double à la dixième grâve.*

Pour mettre ce Contrepoint à quatre voix, on ajoute une partie à la tierce supérieure et une autre à la tierce inférieure, en ayant égard aux règles précédentes, et ayant soin d'éviter le mouvement contraire, les dissonances liées, et les suites de tierces, de sixtes et d'octaves.

On ajoute des tierces tantôt au thême principal, tantôt au Contre-thême, et l'on transpose les autres parties selon les règles du Contre-point double à l'octave.

Contrepoint sur le Plain-Chant.

8   6   3   4   6   5   6   8   5   8   5   6

RENVERSEMENT
Du plain-chant à la voix supérieure.

Le Contre-point à la Dixième inférieure, au moyen de quoi le ton de *Ré* est transformé en *Si* ♭.

Ou le chant à la Tierce supérieure, et le Contrepoint à l'octave audessous.

Avec une partie à l'octave grave du plain-chant ou du Contre-point.

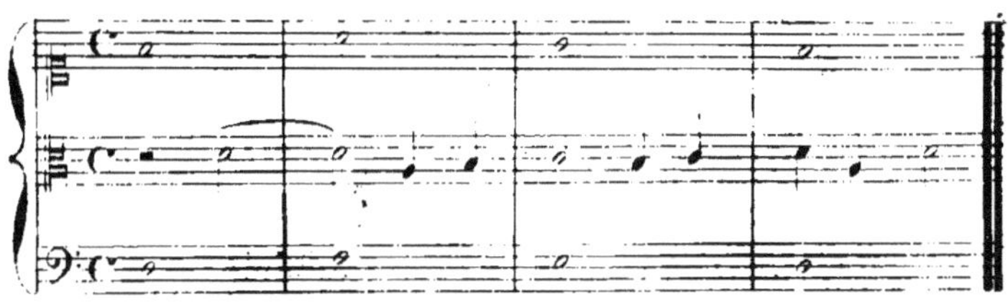

En raison de la mélodie et des tonalités que produit le renversement, il est quelquefois nécessaire d'élever ou d'abaisser un intervalle (par un ♯, un ♮ ou un ♭ accidentels).

Ou

à Trois voix.

Partie ajoutée a la Dixième supérieure.

. Il n'est pas nécessaire que le renversement soit continué; mais le Compositeur peut choisir deux phrases les plus propres au renversement, et les lier ensemble à l'endroit qui lui paraît convenable;

Contrepoint sans imitation.

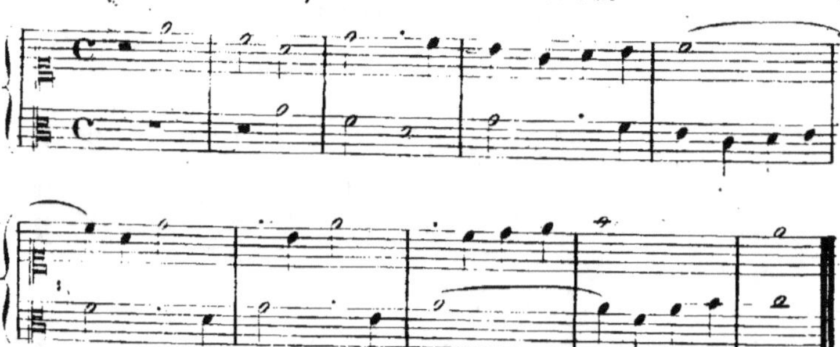

Renversement à la Tierce supérieure.

Renversement à la Dixième inférieure.

à Trois voix.

Partie ajoutée à la Dixième inférieure.

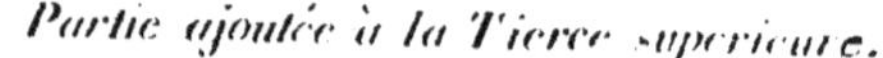

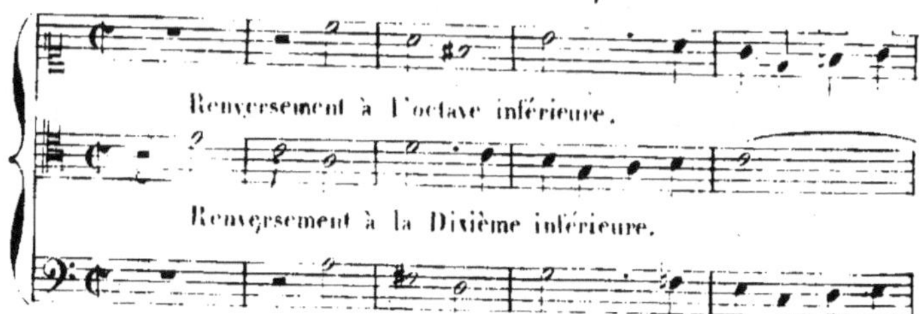

Lorsque le Contrepoint doit passer alternativement dans les trois ou quatre parties, l'une ou l'autre de ces parties peut ou se reposer, ou remplir l'espace par un trait mélodique, ou prendre le thème par mouvement contraire, ou rentrer par un autre moyen conforme aux règles.

Nous allons montrer maintenant comment le Contrepoint est em_
ployé dans la composition.

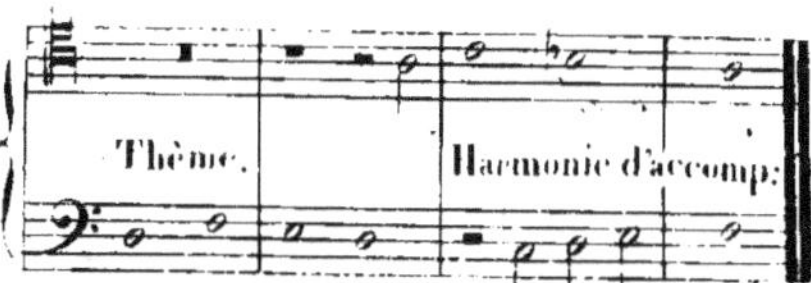

Quoique cette phrase d'accompagnement, qu'on peut écrire à l'octave,
paraisse appartenir au Contrepoint à l'octave, on se convaincra qu'il n'est pas
de cette espèce, si on se rappelle le rapport qui existe entre celui ci et le
Contrepoint à la dixième. Dans l'exemple suivant, ce Contrethème est d'abord
renversé à la dixième aigüe, et la basse est transportée à l'octave dans la
partie de l'alto avec une nouvelle basse à la dixième grave.

Fugue en Contrepoint à la dixième.

N.º 1.

N.º 2.
N.º 3.
N.º 5.

Cette fugue est courte et n'est donnée que comme un exemple du Contrepoint à la dixième. Quoique les N.º 1, 2, 3 ne semblent pas s'y rapporter, les phrases d'accompagnement ne renfermant aulieu de dixièmes que des tierces et des sixtes, ils sont fondés néanmoins sur les règles du Contrepoint de cette espèce. En les écrivant de la manière suivante, la coïncidence devient évidente.

EXEMPLES

Le tenor dans le N.º 1 et l'Alto dans le N.º 2 n'auraient pas pu atteindre à de véritables dixièmes, et l'on a été forcé de les remplacer par des tierces.

Les sixtes qui se trouvent au N.º 3 ont été placées pour lier plus intimement les parties, et les véritables rapports, ainsi qu'au N.º 6, sont les suivans.

Après une pause, on peut comme dans les N.º 4 et 5, faire marcher les parties dans l'ordre naturel ou par le mouvement contraire; cette alternative est non seulement permise, mais ajoute encore à la beauté de la composition.

CHAPITRE VIII.

Du Contrepoint double à la douzième.

Les rapports des renversements (du Contrepoint de cette espèce) sont dans l'ordre suivants:

1 . 2 . 3 . 4 . 5 . 6 . 7 . 8 . 9 . 10. 11. 12.
12. 11. 10. 9 . 8 . 7 . 6 . 5 . 4 . 3 . 2 . 1.

Ou, si à cause de l'étendue des parties, on n'emploie que des quintes au lieu de douzièmes:

1 . 2 . 3 . 4 . 5 . 6 . 7 . 8 . 9 . 10. 11. 12.
5 . 4 . 3 . 2 . 1 . 2 . 3 . 4 . 5 . 6 . 7 . 8.

Les règles à observer sont:

1.º Lorsque l'on substitue des quintes aux douzièmes, la seconde partie doit être transposée d'une octave, la quinte offrant des intervalles différents, comme on l'a vu par les chiffres qui précèdent.

2.º Lorsque les sixtes se changent en septièmes, elles doivent marcher par degrés conjoints et ne pas être syncopées dans la partie supérieure. Dans la Basse, elles peuvent être liées.

3.º La liaison de septième doit être préparée par un autre consonnance que par la sixte. Au reste, toutes les autres liaisons et le mouvement direct peuvent être employésdans le Contrepoint à deux parties. La onzième, la quarte, la seconde et la neuvième paraissent ici se confondre; la liaison de seconde est la meilleure pour la terminaison.

4°. Pour rester dans le ton, la portée supérieure de la composition à deux parties doit commencer et terminer par la quinte ou la douzième, et particulièrement au renversement à la douzième grave. Pour le renversement à l'aigü, la première et la dernière note peuvent être à l'unisson ou à l'octave.

5.º Si l'on veut mettre le Contrepoint à trois parties, il faut, au renversement à la douzième aiguë, que la troisième partie libre prenne la tonique sous la troisième note, qui sera la dominante de la partie supérieure. Le Contre-point fera un repos. La dernière note de la partie supérieure, qui termine également à la dominante, peut-être prolongée, afin que les autres parties puissent faire une cadence libre sur la tonique.

6.º Si l'on veut mettre à quatre parties un Contre-point à deux, il ne faut employer que des tierces, des quintes et des octaves, le mouvement contraire, et éviter les liaisons de dissonances.

7.º Si, au lieu de la douzième supérieure ou inférieure, on renverse à la quinte, il ne faut pas attaquer l'octave juste librement, parcequ'il en résulterait une quarte non préparée au renversement. Cette faute peut-être corrigée de deux manières, en faisant usage à la partie qui doit être renversée du Contrepoint à la douzième. Nous avons dit que dans le Contrepoint à deux parties on fait usage de la liaison de quarte, de seconde et de neuvième.

Application pratique des règles précédentes.

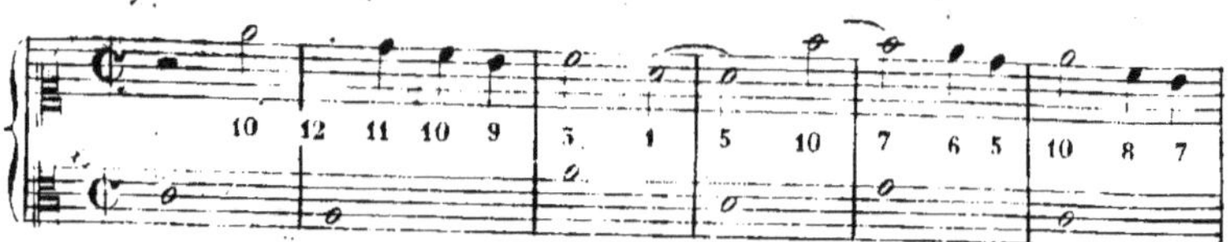

Renversement à la douzième inférieure.

Renversement à la douzième supérieure.

Même exemple une octave plus bas.

Contrepoint sur le plain-chant.

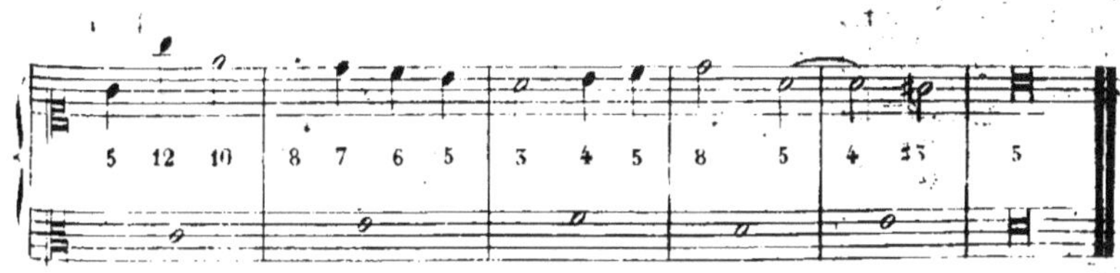

Renversement à la douzième inférieure.

Renversement à la douzième ou quinte supérieure.

Renversement à la douzième supérieure et à l'octave inférieure.

À trois parties

À deux parties

Même exemple à la douzième où quinte grâve aux deux voix.

1ere Partie ou quinte supérieure du renversement.

A trois.

ou

Ou, avec une partie à la dixième ou tierce supérieure.

150

où

A quatre, avec deux parties à la dixième ou tierce.

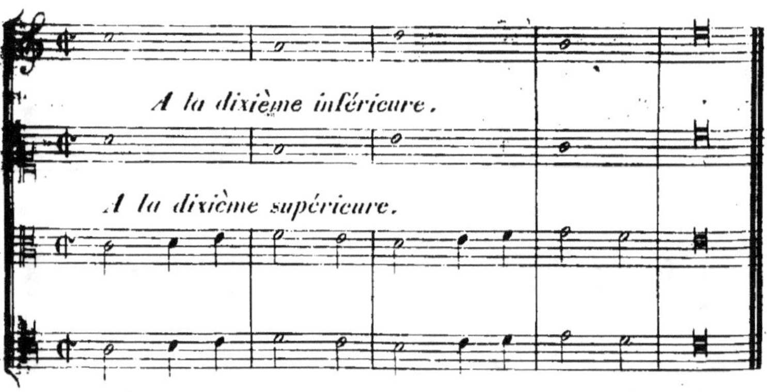

ou

À deux.
Avec imitation.
Renversement: la Basse à la douzième inférieure.
À quatre.
Partie ajoutée à la dixième supérieure.
Partie ajoutée à la dixième inférieure.

CHAPITRE IX.

Suite d'exemples sur les trois espèces de contrepoint double.

N.° 1.

Contrepoint.

Plain-chant.

Plain-chant à l'octave supérieure.

Contrepoint à l'octave inférieure.

Contrepoint.

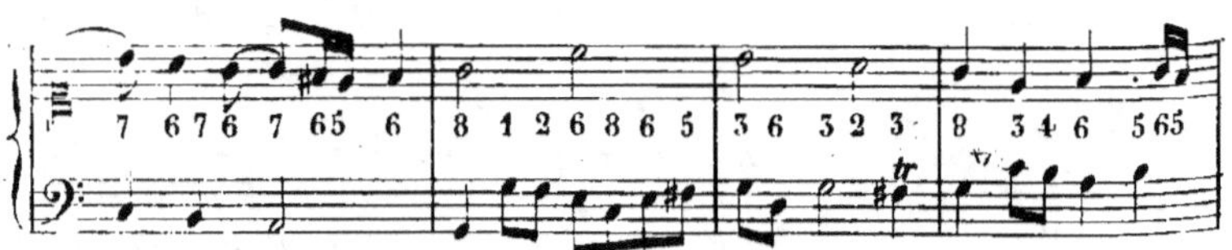

Plain-chant.

Plain-chant à l'octave supérieure.
Contrepoint à l'octave inférieure.
No. 2. Menuetto.
Violino.
Pl: Ch:
Viola.
C. P.
C. P. Octave supérieure.
Pl: Ch: à l'octave inférieure.

C.P.
A. N°. 3.

B.
Renversement à la douzième inférieure.
Renversement à la quinte supérieure.
C.
D.
A trois.
Renversement à la dixième inférieure de la voix supérieure.

E.

Renversement à la tierce inférieure de la partie supérieure.

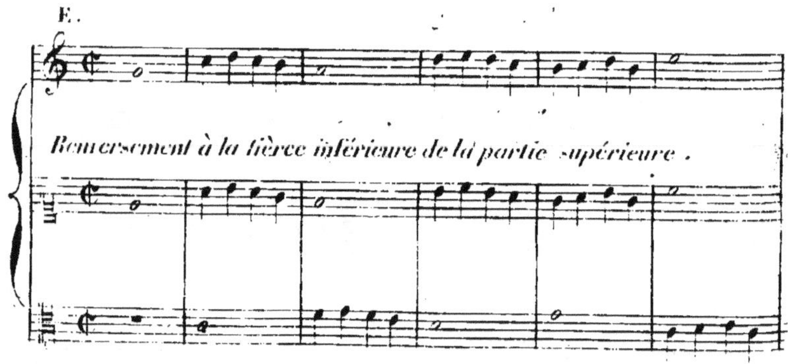

Renversement à la dixième supérieure de la Basse.

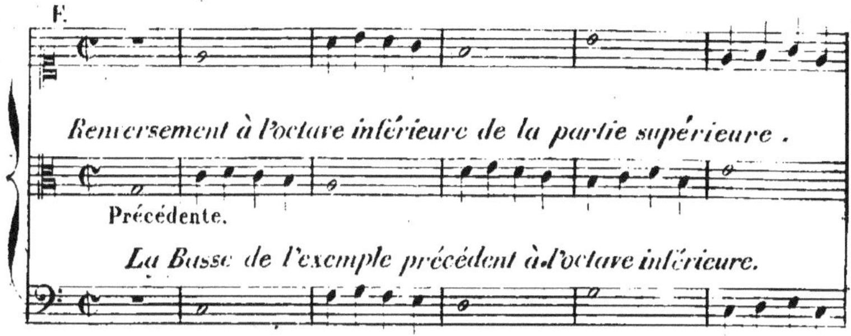

Renversement à l'octave inférieure de la partie supérieure.

Précédente.

La Basse de l'exemple précédent à l'octave inférieure.

Quinte grave de la partie supérieure, exemple E.

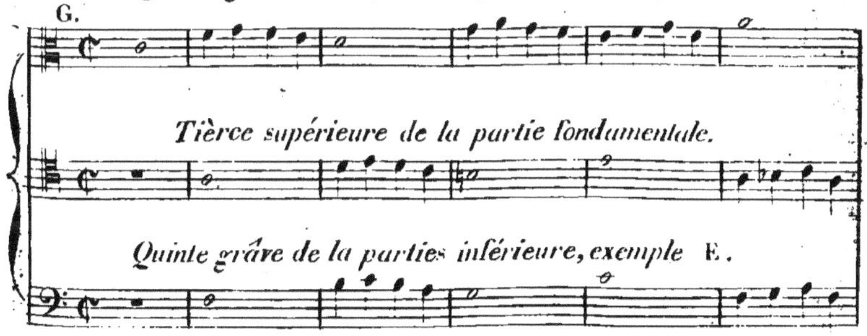

Tièrce supérieure de la partie fondamentale.

Quinte grave de la parties inférieure, exemple E.

H.
Partie supérieure primitive.
Dixième supériéure de la Basse.
A quatre
Dixième inférieure du Soprano.
Octave inférieure de la partie de Basse primitive.

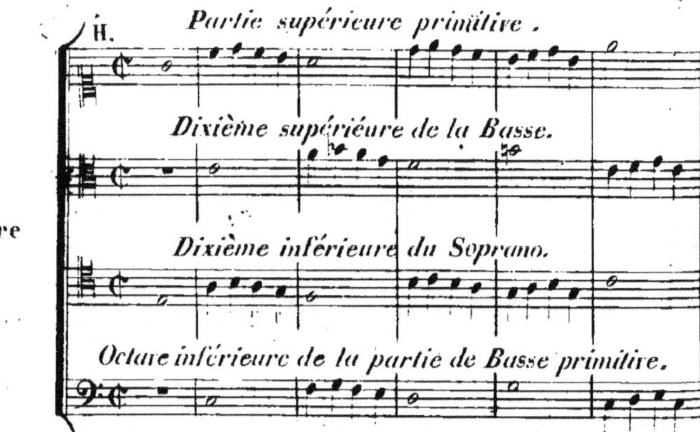

Fugue à la douzième.

Réponse à la dixième supérieure.
Sujet.
Contresujet.

Sujet.
tr
Contresujet.

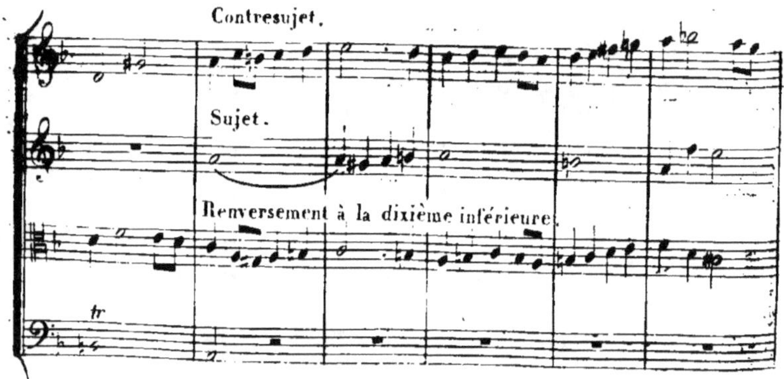

Contresujet.
Sujet.
Renversement à la dixième inférieure.
tr

Sujet. à la
Contresujet.
Sujet.

Réponse à la dixième supérieure.
Sujet.
Sujet à la tierce inférieure.
Contresujet.

Douzième supérieure du thême.
10e. Inf:
10e. Sup:
Octave inf:

Contresujet.
Renversement à la dixième inférieure.
Sujet.

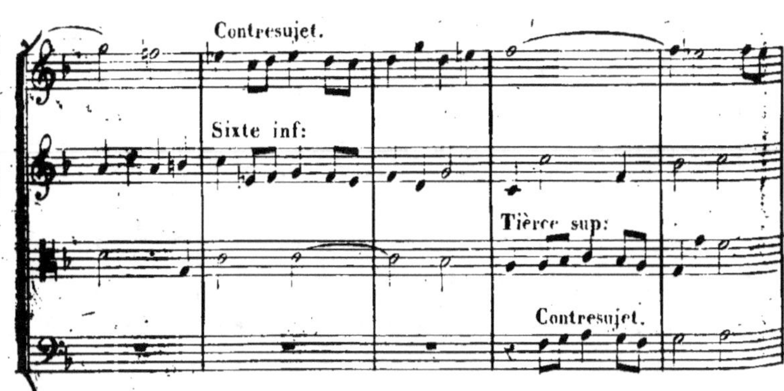

Contresujet.
Sixte inf:
Tierce sup:
Contresujet.

Sujet à la dixième supérieure.
Sujet.

Contresujet à la dixième supérieure.
Contresujet.

Stretto.
Sujet.
Sujet.
Sujet.
Sujet.

Sujet.
Sixte infé:
Tierce sup:

Fugue de la même espèce.

12.e Sup:
Pl: Ch:
10.e Inf:
10.e Inf:

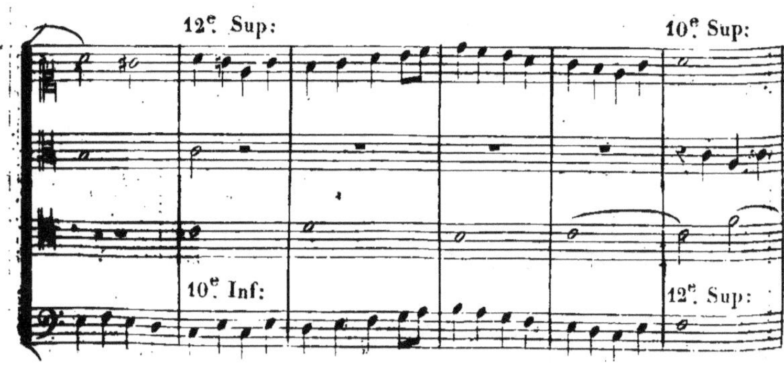
12.e Sup:
10.e Sup:
10.e Inf:
12.e Sup:

10ᵐ Sup:
10ᵐ Inf:

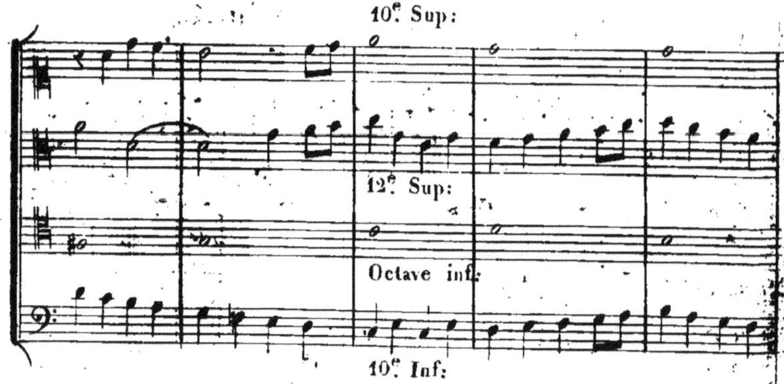
10.ᵉ Sup:
12.ᵉ Sup:
Octave inf:
10.ᵉ Inf:

10.ᵉ Sup:
10.ᵉ Inf:

FUGA per due Violini, Alto, e Basso.

Réponse.

10ᵉ Inf:

10ᵉ Sup:
10ᵉ Inf:
tr

Tièrce inf:

2d Contresujet.
Sujet.

Sixte inf:
Tierce sup:
10.e Sup:

12.e Sup:

Tierce inf:
Tierce sup:
tr
tr

tr

CHAPITRE X.

Du mouvement contraire et du mouvement rétrograde (1).

Une composition dans laquelle il ne se trouve pas de liaison dis_
sonante peut être retournée de deux manières; ou par mouvement
contraire simple, ou par mouvement contraire rétrograde. Dans le
premier cas, toutes les notes ascendantes sont changées en note des_
cendantes, sans avoir égard à la différence des intervalles majeurs
ou mineurs.

EXEMPLE.

Dans le second, on rend exactement tous les demi-tons, et cependant
toutes les notes sont changées, *Mi* en *Fa*, par exemple, et *Vice versa*.

EXEMPLE.

En comparant dans cet exemples les notes ascendantes de gauche avec
les descendantes de droite, on apperçoit que l'inversion à fait disparaître
les notes dissonantes (*Mi* contre *Fa*, c'est-à-dire la relation de triton),
de telle sorte que *Mi*, par exemple a été changé en *Ut*, *Fa* en   B
Mi, *Sol* en *La*, et ainsi de suite (2).

---

(1) Le mot Allemand *Umkerung*, appliqué à la Musique, ne saurait se traduire
littéralement: il signifie l'action de retourner. (N. du T.)
(2) Tout ceci est fort obscur et fait présumer que Beethoven n'a pas bien entendu ce qu'Albretst_
berger lui a dit à l'égard du rapport des tonalités dans le mouvement rétrograde contraire (N. du T.)

La première espèce d'inversion qu'on appelle *inversion plate* (mouve_ment contraire), a lieu à cinq intervalles (différénts); à l'octave, à la quinte, à la quarte, à la seconde, et à l'unisson.

La seconde espèce, ou inversion sévère, n'est possible que lorsque la premiè_re note d'une phrase est élevée d'une septième majeure, d'une sixte ou d'une tièr_ce, et que l'on reproduit exactement dans l'inversion, soit plus haut, soit plus bas, tous les intervalles de tons et de demi-tons, toutes les notes sautantes. etc.

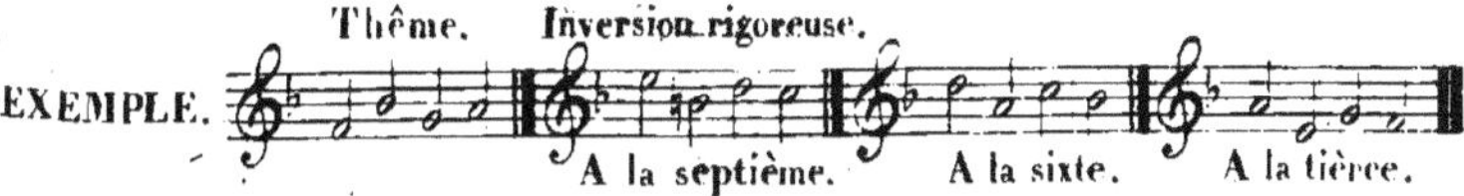

On a aussi imaginé deux espèces d'inversions secondaires: 1°. l'inversion *en écrevisse* où l'on transcrit toutes les notes ou plus haut ou plus bas, en allant à reculons, et en restant dans un rapport de tonalité avec la phra_se imitée.

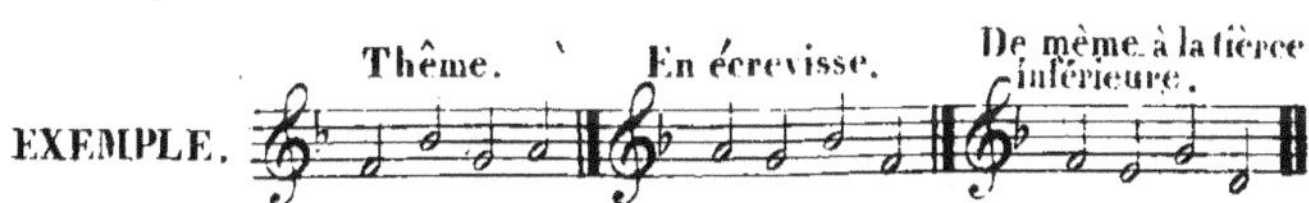

2°. L'inversion en *écrevisse* contraire qui consiste à retourner dou_blement la phrase depuis le commencement jusqu'a la fin.

(Peut on croire qu'un homme ayant l'usage de la raison ait jamais pu s'attacher à produire de pareils enfantillages?)

Ces deux dernières espèces d'inversions, dans lesquelles on ne tient aucun compte de la valeur des intervalles, sont impossibles lorsque le thème renferme une liaison. Les deux premières sont toujours possibles, pourvu qu'on évite les dissonances; elles sont même quelquefois très utiles, parcequ'elles donnent le moyen le plus naturel de changer de ton, ainsi que le prouve la note finale qui est presque toujours changée.

CHAPITRE XI.

Des Fugues doubles *(1)*.

Cette espèce de composition à deux sujets est basée uniquement sur le Contrepoint double à l'octave duquel elle ne diffère pour ainsi dire pas, soit que les deux sujets entrent immédiatement ensemble au commencement, soit seulement après la répercussion. On choisit aussi deux phrases d'accompagnement (dans la fugue à quatre parties), et on les lie avec ces deux sujets dans le cours de la fugue. Il ne faut jamais perdre de vue, afin d'obtenir un bon renversement des parties, les règles de la fugue simple et du contrepoint double à l'octave.

---

(1) Cet article aurait dû être placé immédiatement après la fugue simple. (N.D.T.)

Pour faire une fugue à trois ou quatre sujets, on a également égard aux règles du Contrepoint triple ou quadruple à l'octave, et aux suivantes.

1º. On prend ordinairement une ou deux parties de plus qu'il n'y a de sujets dans la composition, afin de laisser reposer l'une ou l'autre dans le courant du morceau.

2º. Les sujets doivent avoir un mouvement différent, des notes de différentes valeurs, et ne doivent pas commencer, mais finir ensemble. 

3º. Le renversement ne doit donner lieu qu'à des accords con_sonnants, et jamais dissonants (1).

EXEMPLES

4º. La liaison de neuvième ne peut être employée parcequ'elle se change une fois en septième et seconde, se résolvant sur l'octa_ve et la tierce, et une autre fois en septième et sixième, se résolvant sur la sixte.

EXEMPLES.

____

(1) Ceci est une erreur; la septième de la dominante, la quinte mineure et sixte et le triton peuvent très bien être employés dans la fugue. (N. du T.)

5.° Deux quartes justes ne peuvent pas se succéder.

EXEMPLES.

Il y a cependant une exception lorsque la seconde quarte est un triton.

EXEMPLES.

6.° La quinte attaquée par saut doit être évitée parcequ'il en résulte un accord de quarte et sixte non préparé.

EXEMPLE.

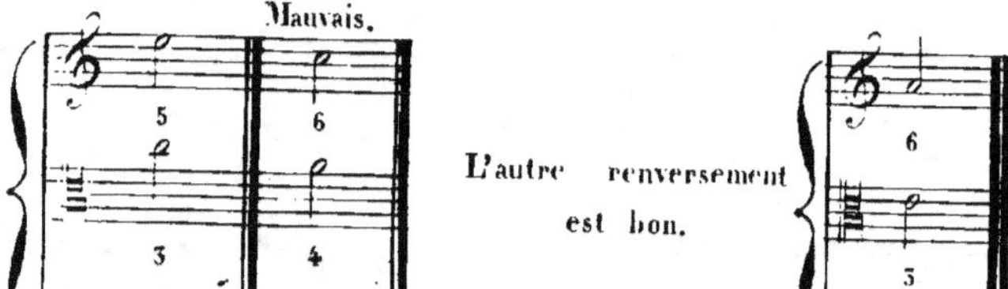

Il faut ou supprimer la première quinte, ou l'éviter dans le con_tre-thème, en la remplaçant par la tierce ou par l'octave redoublées.

EXEMPLE.

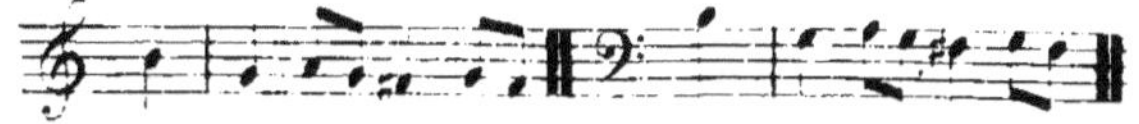

Ou mieux dans le commencement.

7.° La sixte libre avec la tierce diminuée est **défendue** aux temps forts : on y substitue l'octave ou l'unisson. Même dans le mouvement contraire, l'accord de tierce et sixte amène l'accord de quarte et sixte : le mouvement oblique est donc le meilleur.

EXEMPLE.

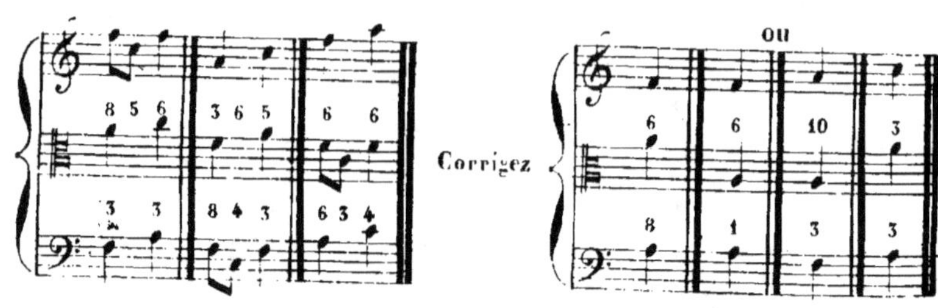

L'intervalle qui manque dans l'accord est pris par la partie libre qui ne doit pas être renversée selon les règles du Contrepoint double.

Si on a égard rigoureusement à tout ce qui vient d'être dit, on pourra sans recourir au Contrepoint, à la dixième et à la douzième, traiter de six manières une fugue double à trois sujets, et de vingt quatre manières une fugue à quatre sujets. Cependant pour être certain de ce qu'on doit faire, et pour ne pas, comme le dit le proverbe, *compter sans son hôte*; il est bon d'éxaminer à l'avance les sujets avec sévérité, et de s'assurer que le renversement ne produira aucun accord deffendu. A cet effet, il faut les soumettre à trois renversement principaux et à trois autres renversements secondaires. Les parties seront dans l'ordre suivant :

1er Renversement principal .

Partie supérieure
Partie intermédiaire
Partie inférieure

Son renversement secondaire.

Partie intermédiaire
Partie supérieure
Partie inférieure

2me Renversement principal .

Partie inférieure
Partie supérieure
Partie intermédiaire

Son renversement secondaire .

Partie supérieure
Partie inférieure
Partie intermédiaire

5me Renversement principal.   Son Renversement secondaire.

Partie intermédiaire	Partie inférieure
Partie inférieure	Partie intermédiaire
Partie supérieure	Partie supérieure

On voit que dans chaque renversement secondaire la partie de basse est conservée, d'où il résulte que les mêmes intervalles se reproduisent.

EXEMPLE

D'une double fugue à trois sujets.

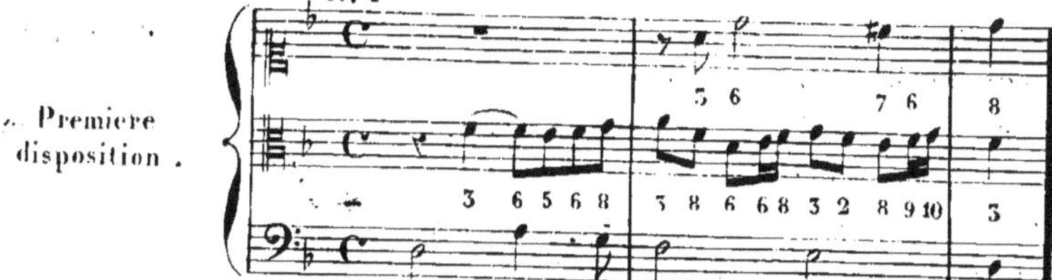

Développement.

Th. C.
Th. A.
Th. A.
Th. B.
Th. B.

Th. A.
Th. B.
Th. C.
Decima gravis

Th. B.
Th. A. Semirestrictio
Decima gravis
Th. B.
Th. A.
Sexta gravis.

Th. A. al rovescio.
Th. A.
Th. B.
Th. A.
al rovescio.
Th. C.
Decima gravis.
Th. A.
Th. A.
Sexta acuta.
Th. B.
Th. A.

Decima acuta.
Th. A.
Decima gravis.
Decima gravis.
Th. B.
Tertia gravis.
Th. C.
Th. C.
Th. A.
(Restrictio).

Th. C.
Th. C.
Th. B.
Th. A.
Th. C.
Th. A.
Th. B.
Th. C.
Tertia gravis
Sexta gravis

Th. C.
Th. B.
Th. A.
Tertia gravis.
Th. A.
Th. A.
Th. B.
Decima gravis.
Tertia gravis.

Decima acuta.
Th. C.
Th. A.
Th. C.
Th. A.
Decima gravis.

Th. B.
Tertia acuta.
Th. B.
Tertia gravis.
Th. A.
Th. C.
Th. A.

N.º 11.

A.
C.
B.

B.
C.
A.

A.
B.
Decima acuta
A.
C.
B.
B.
C.

C.
A.
B.
B.
C.
A.

B.
C.
A.

C.
A.
B.

CHAPITRE XII.
du Canon.

Dans cette espèce de composition, écrite à l'unisson ou à l'octave, il faut, depuis la première jusqu'à la dernière note se conformer à l'imitation la plus exacte.

On peut aussi au moyen de quelque variations de demi-tons l'écrire à la seconde, à la tièrce, à la quarte, à la quinte, à la sixte, à la septième, et à la neuvième. Ce genre de composition est le triomphe des finesses de calculs et des combinaisons mathématiques Les différentes espèces de canon sont.

1º. Le canon terminé lorsque la mélodie finit par une cadence parfaite.

2º. Le canon perpétuel, dans lequel on recommence toujours, et qu'on interrompt à volonté au milieu ou à la fin d'une phrase.

3º. Le canon augmenté.

4º. Le canon diminuée.

5º. Le canon fermé, lorsque les entrées sont indiquées par des signes, et que le canon est écrit sur une seule ligne et sans repos.

6º. Le canon ouvert, lorsque chaque partie, avec toutes les pauses nécessaires, est placée au dessus de l'autre, c'est à dire dans la forme d'une partition.

7º. Le canon en écrevisse.

8º. Le canon double à quatre parties, triple, à six, et quadruple, à huit.

9º. Le climax; polymorphus; le canon circulaire, dont le nom fait connaitre la forme.

10º. Les canons énigmatiques, plus faciles à imaginer qu'à résoudre, et qui valent rarement la peine et le temps qu'on y emploie.

(Jadis, on trouvait du mérite à se casser la tête à de semblables calculs: on est devenu plus raisonnable.)

Le canon à l'unisson n'est autre chose qu'une composition com-
plète à deux, trois, quatre ou un plus grand nombre de parties, dans laquelle les voix entrent l'une après l'autre, et après, que la précédente a terminé le thème. On choisit ordinairement pour la seconde entrée
celle qui a un sentiment de basse, et l'on développe le tout à deux ou
trois parties.

Canon terminé à l'unisson pour trois voix de soprano.
Allegretto.

Il est aussi quelquefois fermé, et la troisième voix est
écrite après la première.

Dans cette alternative d'entrées, on peut recommencer autant de fois que cela plaît aux chanteurs et que cela ne fatigue pas les auditeurs. Comme chacun doit reproduire le morceau en entier, il faut avoir égard à l'étendue qu'on lui donne. Ce canon ouvert se présente ainsi:

N.º 2. *Canon pour trois voix d'hommes.*

Andante.

N.B. Il est mieux et plus élégant que les voix ne commencent pas toutes ensemble.

Canon fermé.

Il y a des canons de cette espèce à quatre voix et même à un plus grand nombre.

EXEMPLE.

Moderato. N.º 3. Canone a quatro voci.

Canon fermé.

Ouvert.

Les canons à d'autres intervalles sont plus difficiles. Dans ceux ci on écrit les clefs des parties dans leur ordre naturel, que l'on mar- que par des chiffres indiquant les distances et les intervalles aux- quels les entrées doivent se faire. Voyez pour exemples les canons sui- vants à quatre parties à la quinte et à l'octave inférieure.

Ce canon s'il eut été fermé, aurait été comme il suit.

D'où l'on voit que le soprano commence, qu'à la seconde mesure l'alto entre à la quinte inférieure, à la quatrième mesure le tenor à l'octave inférieure du soprano, et enfin à la cinquième, la basse à la quinte inférieure de la partie précédente, ou à l'octave inférieure de l'alto. Selon la seconde manière, le canon aurait été écrit de la façon suivante.

Les chiffres marquent 5 l'entrée de l'alto à la quinte inférieure, 8, celle du tenor à l'octave inférieure, 12 celle de la basse à la douziè--me grâve.

EXEMPLE SEMBLABLE.

N.º 6. Canon chromatique.

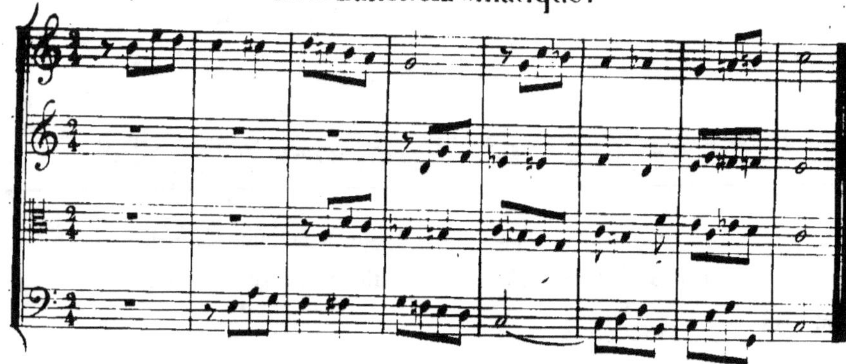

Le canon énigmatique est encore beaucoup plus mystérieux. là, on ne trouve souvent ni signes, ni chiffres, ni lettres, ni clefs, il s'agit alors d'essayer de deviner jusqu'à ce qu'avec la pénétration d'Oedipe on rencontre la véritable résolution, et que les réponses se présentent dans une bonne contexture harmonique. Pour dénouer ce nœud gordien qu'on ne peut malheureusement trancher à la manière du fils de Philippe, il faut essayer tous les intervalles supérieurs et inférieurs, les renversements, les mouvements contraires, les inversions en écrevisse, et rétrograde contraire, augmentés, diminués, mêler à tout cela des soupirs et des pauses, enfin ne pas oublier les anciennes clefs du mezzo soprano, du bariton ou haute basse. Que retire-t-on de tout cela? *Multum clamaris parum lane.* Peut être un jour que je n'aurai rien de mieux à faire m'essayerai-je dans ce genre; mais, dieu merci, je n'en suis pas encore là.

FRAGMENTS.

Notes sur la composition du chant.

ÉTENDUE DES VOIX.

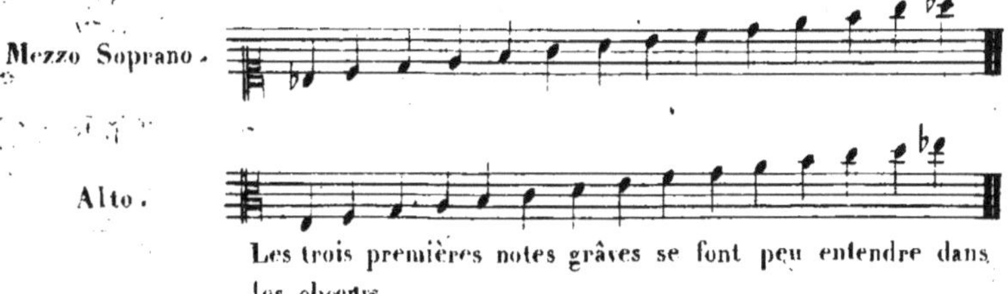

On prononce difficilement les paroles sur les notes trop bassesou trop élevées: le médium est plus convenable, parceque les voix y sontdanstoute leur force.

Le soprano a ordinairement, dans l'étendue de deux octaves, trois ré_
gistres; le premier renferme quatre sons de poitrine.

de *Ul* a *Fa*.

EXEMPLE 

Dans le second qui contient neuf sous.

 Le changement de régistre a lieu ordinairement entre *Fa* et *Sol*. 

Le troisième régistre renferme les sons de tête, tels que

Et ainsi de suite. La voix se prend au dela de ces limites dans les cavi_
tés du nez et du front, et là elle n'a pour ainsi dire plus de bornes.
Des cantatrices atteignent jusqu'à l'octave de *L'ut* aigu on appelle ce
genre de voix *Soprano aigu*.

La voix de poitrine du tenor s'étend de *L'ut* au *Sol*.

EXEMPLE 

Les sons plus élevés appartiennent à la voix de tête. Le mérite du chanteur
de bonne école consiste à passer imperceptiblement d'un régistre à l'autre.

DU RÉCITATIF.

Le récitatif doit être déclamé comme s'il était parlé, C'est un discours
tantôt précipité, tantôt ralenti, suivant que l'exige l'expression passionnée des
paroles. La virgule, le point et virgule, les deux points, le point, le point d'in_
terrogation et d'exclamation éxigent chacun un accent différent.

EXEMPLE.

Si le sens des paroles est précipité, on supprime la pause.

Point et Virgule.

Le point est exprimé de même lorsque la période étant terminée, on continue néanmoins à parler sur le même sujet. Si l'on en reprend un autre, on emploie l'accent du point final.

EXEMPLE.

Terminaison définitive du temps de Fux.

Le point d'interrogation est exprimé diversement suivant la nature du discours.

EXEMPLES.

Point d'exclamation.

Aucune dissonance ne doit être résolue avant que le sens ne soit complètement terminé. Pour le repos on emploie des notes lon_ gues; pour le mouvement, des notes brèves.

Au lieu de
Ecrivez ainsi.
Dis-pe-ra-ta Por-zia al ve - der spirar lo spo-so a pas-so
len-to lo se gue fin all'a - re-na e non sa-zia di la gri-
mar vuol con sospiri an co-ra-in ghiottir di do - lor carbo-niar denti in-terrom
pen-do sue lab-bra con tui ac - cen-ti.

Les phrases de récitatif suivantes sont mauvaises.

Phrases courtes et violentes.

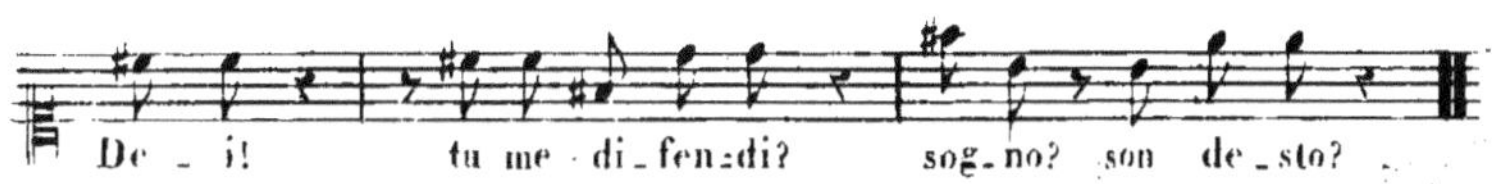

Harmonie pour les affections tristes et plaintives.

Les voix montent ou descendent suivant que les sentimens pren‑
nent de la force ou en perdent.

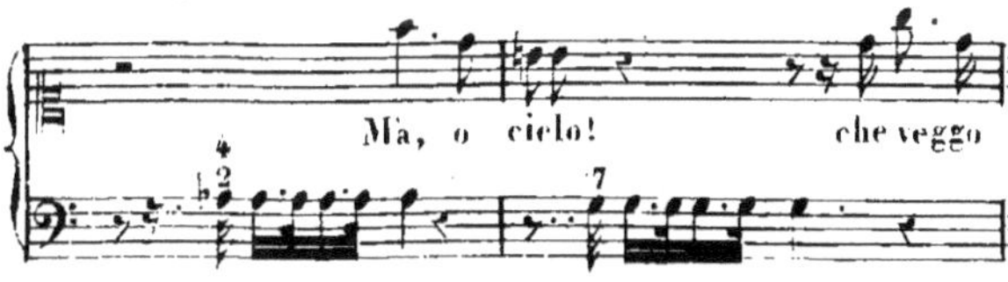

spun_ta_no ver_di ra_mi;
in ar _ bo _ re can_
giata tu mie voglie de _ lu_di o dis_pie_tata
Expression de l'étonnement et de la joie.
Ca _ ro Unulso, gui _ da mi a lei, e sa_prà, che son
vi _ vo, se in Mi_lan ve_de_ram_mi qual conten _ to!
L'effet est plus vif lorsque le chant monte ou descend avec l'harmonie.

La répétition des paroles donne plus de force à l'expression.

Affection de contraste.

La terminaison finale se fait par une cadence à la basse.

Terminaison d'une période avec attente d'une autre.

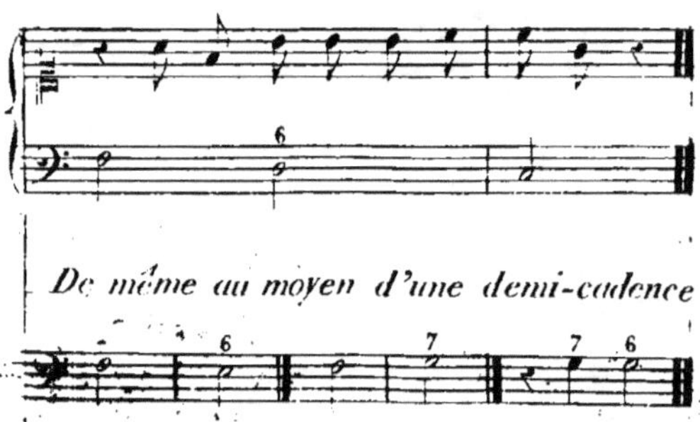

De même au moyen d'une demi-cadence

Demi-cadence pour une expression pressante.
Pour des passions qui se calment.

Terminaisons d'hommes
exécutez ainsi.

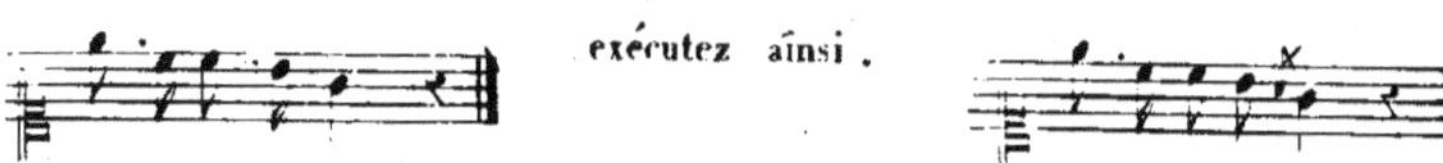

Cadence pour une sortie de femme;
elle doit être chantée ainsi.

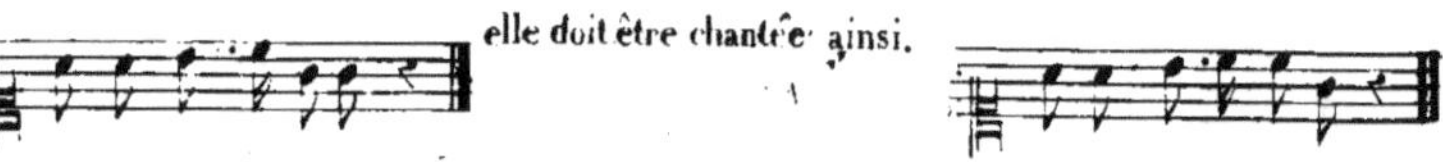

Phrases d'interrogation.

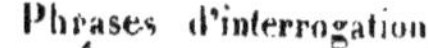

en majeur.
en mineur.
6
6
5
6

ou
ou
6
6
5

ou
6
6
6

Il faut remarquer qu'il se trouve dans le récitatif des
mots sur lesquels on appuie, et l'accent peut tomber
sur un substantif, un verbe, un pronom, un adverbe, etc. On
exprime   mieux par un saut les questions qui sont en
même temps une exclamation.

Pour bien composer un récitatif, il est utile de se déclamer à soi même la poésie commé le ferait un acteur intelligent. Celui dont les forces ne suffisent pas pour cette tâche, ne doit pas rougir de recourir à autrui.

Andante *pour deux Violons et Violoncelle.*

Allegro.
pour les même instruments.
tr
6 6
6 7 7 7 6

tr
f
f
f
6
5
2 6 6
4 5
6 5
4 3
tr
FIN.
6
2
6
4 3

Noms de M.M. les Souscripteurs

aux

Études de Beethoven!

www.ingramcontent.com/pod-product-compliance
Lightning Source LLC
LaVergne TN
LVHW021438170726
843501LV00005B/1394